Rots, pets et petits bruits

de Angèle Delaunois
illustré par François Thisdale

Ombilic

Déjà parus dans la collection Ombilic :
GRAND MÉCHANT RHUME !
ENVIE DE PIPI !
OUILLE MES OREILLES !
ROTS, PETS ET PETITS BRUITS

Titres à venir :
S.O.S. ALLERGIES !
MANGER BIEN, C'EST BIEN MIEUX !
DES BELLES DENTS TOUT LE TEMPS
POUX, PUCES ET AUTRES INDÉSIRABLES
UN ORDI DANS MA TÊTE
POURQUOI DES LUNETTES ?

À Andrée Crépeau,
la championne à moto.

TON CORPS FONCTIONNE SANS ARRÊT, MÊME QUAND TU DORS. TES ORGANES ONT TOUT LE TEMPS QUELQUE CHOSE À FAIRE PARCE QUE TU RÊVES, TU BOUGES, TU GRANDIS, TU MANGES, TU RESPIRES... ET LORSQU'IL EST AU TRAVAIL, TON CORPS EST COMME UN ORCHESTRE. CHAQUE BRUIT QU'IL ÉMET EST UN MESSAGE QUI VEUT DIRE QUELQUE CHOSE.

La plupart du temps, c'est rigolo.
Ça ne fait même pas mal.

PLUSIEURS DE CES BRUITS AMUSANTS SONT CAUSÉS PAR TON SYSTÈME DIGESTIF. TOUS LES ALIMENTS ET LES BOISSONS QUE TU AVALES SE RETROUVENT DANS TON ESTOMAC, UNE SORTE DE GROSSE POCHE AU MILIEU DE TON VENTRE. ILS Y RESTENT DE DEUX À TROIS HEURES. PENDANT CE TEMPS, ILS SE TRANSFORMENT EN BOUILLIE ET FERMENTENT. C'EST CE QU'ON APPELLE LA DIGESTION.

Ça bouillonne! Ça fermente! Quelle drôle de soupe!

BLOUP

BLOUP

PARMI LES BRUITS QUE TU CONNAIS BIEN, IL Y A LE HOQUET. PARFOIS, SANS LE FAIRE EXPRÈS, TU CONTRACTES DES MUSCLES SPÉCIAUX SITUÉS ENTRE TES CÔTES. CETTE CONTRACTION PROVOQUE LA FERMETURE DE TON ÉPIGLOTTE, UNE PETITE PORTE SITUÉE DANS TA GORGE, QUI EMPÊCHE D'AVALER DE TRAVERS. C'EST ÇA QUI PRODUIT LE HIC! QUE TU CONNAIS BIEN.

Je déteste
avoir le hoquet!

J'AI LE HOQUET LORSQUE JE MANGE BEAUCOUP OU TROP VITE, QUAND J'AVALE TROP D'AIR EN MANGEANT OU EN BUVANT - AVEC UNE PAILLE, PAR EXEMPLE -, OU BIEN QUAND JE BOIS DES SODAS PLEINS DE BULLES OU DES BOISSONS TRÈS CHAUDES OU TRÈS FROIDES.

Tout le monde peut avoir le hoquet un jour ou l'autre!

HiC Hic OUPS

IL Y A UNE FOULE DE TRUCS POUR FAIRE PASSER TON HOQUET. L'ESSENTIEL, C'EST DE TE CHANGER LES IDÉES.

TU PEUX :
TIRER FORT SUR TA LANGUE,
BOIRE À L'ENVERS,
AVALER PLUSIEURS VERRES D'EAU,
ÉTERNUER EN RESPIRANT DU POIVRE,
RETENIR TA RESPIRATION EN TE BOUCHANT LE NEZ,
SUCER UN BONBON OU UN GLAÇON,
RESPIRER DANS UN SAC EN PAPIER,
PENSER À UNE ROSE.

Et si quelqu'un essayait de te faire peur ?
Parfois, ça marche !

Lorsque je ne digère pas bien, parfois je rote.
Un rot, c'est quoi, au juste ?

IMAGINE UNE GROSSE BULLE QUI REMONTE DANS TA GORGE. CETTE BULLE EST UN MÉLANGE D'AIR ET DE GAZ PRODUIT PAR LA FERMENTATION DES ALIMENTS QUI SE TROUVENT DANS TON ESTOMAC. LES ROTS LAISSENT SOUVENT UN MAUVAIS GOÛT DANS LA BOUCHE. C'EST NORMAL !

TOUT LE MONDE ROTE PLUSIEURS FOIS PAR JOUR. PARFOIS, ON NE S'EN REND MÊME PAS COMPTE.

ON ROTE POUR LES MÊMES RAISONS QU'ON A LE HOQUET. LA PLUPART DU TEMPS, C'EST POUR EXPULSER L'AIR ACCUMULÉ DANS L'ESTOMAC ET ÉVITER AINSI D'AVOIR MAL AU VENTRE. CELA ARRIVE SURTOUT QUAND ON MANGE TROP OU TROP VITE. ATTENTION AUSSI À LA GOMME À MÂCHER ET AUX BULLES DES BOISSONS GAZEUSES! L'AIR AVALÉ AINSI VA VOULOIR RESSORTIR...

Ce n'est pas poli de roter devant les autres.
Il vaut mieux se retenir ou le faire discrètement.

Oups oups! Excusez-moi!

CERTAINS JOURS, TON VENTRE GARGOUILLE ET FAIT DES GLOUGLOUS PLUTÔT RIGOLOS. ON LES APPELLE DES BORBORYGMES. CE N'EST PAS GRAVE DU TOUT! CES BRUITS SONT CAUSÉS PAR LES MOUVEMENTS DE TON INTESTIN LORSQU'IL TRAVAILLE, OU ENCORE PAR L'AIR ET LES LIQUIDES CONTENUS DANS TON ESTOMAC. LE MATIN, LORSQUE TON ESTOMAC EST VIDE, IL GARGOUILLE POUR TE RAPPELER QUE TU AS FAIM.

Silence, là-dedans! Je ne m'entends plus penser.

LORSQUE TON ESTOMAC A FINI DE TRANSFORMER LES ALIMENTS EN BOUILLIE, CELLE-CI DESCEND DANS TON INTESTIN GRÊLE. ENSUITE, TOUT CE QUI N'A PAS ÉTÉ UTILISÉ POUR NOURRIR TON CORPS SE RETROUVE DANS TON GROS INTESTIN.
C'EST LÀ QUE SE FORMENT LES PETS.

Les gens distingués disent qu'ils ont des flatulences... mais c'est la même chose que les pets ! C'est normal de péter. Tout le monde le fait. Savais-tu que les gens pètent en moyenne quatorze fois par jour ?

LE PET EST UNE PETITE POCHE DE GAZ QUI SE FORME DANS TON GROS INTESTIN À CAUSE DE LA FERMENTATION DES ALIMENTS ET DE L'AIR QUI S'Y TROUVENT. LORSQU'IL Y A TROP DE GAZ, TON VENTRE EST TENDU COMME UN BALLON ET TU PEUX MÊME AVOIR DES CRAMPES. RÉSULTAT, TU POUSSES POUR FAIRE SORTIR LES PETS PAR L'ANUS, LE PETIT TROU ENTRE LES FESSES PAR LEQUEL PASSENT LES CROTTES.

Ça me soulage de péter, surtout quand j'ai mal au ventre...
mais c'est mieux de le faire avec discrétion.

PLUSIEURS ALIMENTS PROVOQUENT DAVANTAGE DE PETS QUE LES AUTRES. LES FÈVES ET LES HARICOTS SECS, LES LÉGUMES DE LA FAMILLE DU CHOU, LES OIGNONS, LES PETITS POIS ET LES FRIANDISES TRÈS SUCRÉES SONT LES CHAMPIONS DES PETS.

Il y a toutes sortes de pets : des pets secs, des pets en trompette, des pets discrets, des pets qui puent, des pets qui ne sentent rien, des pets qui sortent tout seuls, des pets en rafale...

PARFOIS, TU ES CONSTIPÉ. TU NE FAIS PAS CACA DURANT PLUSIEURS JOURS. TES CROTTES DEVIENNENT DURES PARCE QUE TON INTESTIN ABSORBE L'EAU QU'ELLES CONTIENNENT. PLUS ELLES RESTENT LONGTEMPS DANS TON VENTRE, PLUS IL Y A DE LA FERMENTATION ET PLUS TU FABRIQUES DE PETS.

Qu'est-ce que ça pue!

SNIF SNIF OUACHE

POUR FACILITER MA DIGESTION ET ÉVITER LA CONSTIPATION, J'ADOPTE DE BONNES HABITUDES : JE MANGE DE TOUT, EN QUANTITÉ RAISONNABLE, JE PRENDS LE TEMPS DE BIEN MASTIQUER MES ALIMENTS, JE N'ABUSE PAS DES BOISSONS GAZEUSES, DE LA GOMME À MÂCHER, DES ALIMENTS TROP ÉPICÉS, TROP GRAS OU TROP SUCRÉS, JE N'OUBLIE PAS DE BOIRE, CAR C'EST IMPORTANT DE RENOUVELER L'EAU DE MON CORPS.

Tu vois, c'est facile!

OH, UN DERNIER TRUC ! APRÈS LES REPAS, AU LIEU DE T'ASSEOIR DEVANT LA TÉLÉ OU L'ORDI, BOUGE UN PEU. TU VAS DIGÉRER BEAUCOUP MIEUX ET CE SERA BON POUR TON ESTOMAC, TES INTESTINS ET TES PETITS BRUITS !

Tu viens jouer avec nous?
CoUcOu

ROTS, PETS ET PETITS BRUITS

Direction éditoriale : Angèle Delaunois
Direction artistique : Gérard Frischeteau
Édition électronique : Conception Grafikar
Révision linguistique : Odile Dallassera

Dépôt légal : 2e trimestre 2005
Bibliothèque nationale du Québec
Bibliothèque nationale du Canada
Éditions de l'Isatis inc.
ISBN 2-923234-08-1

ÉDITIONS DE L'ISATIS
4829, avenue Victoria
MONTRÉAL Qc H3W 2M9
courriel : editions_delisatis@hotmail.com
Imprimé au Canada
Distributeur au Canada : Diffusion du livre Mirabel

Nos plus sincères remerciements à Andrée Crépeau, M.D., pour son temps, ses précisions et sa gentillesse.

Catalogage avant publication de Bibliothèque et Archives Canada

Delaunois, Angèle

Rots, pets et petits bruits

(Collection Ombilic ; 4)
Pour enfant de 4 à 8 ans

ISBN 2-923234-08-1

1. Gaz gastro-intestinaux - Ouvrages pour la jeunesse. 2. Hoquet - Ouvrages pour la jeunesse.
3. Éructation - Ouvrages pour la jeunesse. I. Thisdale, François, 1964- . II. Titre. III. Collection.

RC801.D44 2005 j616.3'3 C2005-940445-0

SODEC Québec

Nous remercions le Gouvernement du Québec – Programme de crédit d'impôt pour l'édition de livres – Gestion SODEC

Conseil des Arts du Canada / Canada Council for the Arts

Nous remercions le Conseil des Arts du Canada de l'aide accordée à notre programme de publication.